Einmachen

Genuss fürs ganze Jahr

> Autorin: Birgit Rademacker | Fotos: Michael Brauner

Inhalt

Die Theorie

Die Rezepte

Extra

➤ **GU Serviceseiten**

Manche Dinge kann man einfach nicht kaufen

Die Lust auf selbst gemachte Köstlichkeiten »wie zu Omas Zeiten« ist ungebrochen. Dieses Buch zeigt, wie einfach es ist, aus Obst und Gemüse feine Vorräte zu machen. Wir stellen die Konservierungsmöglichkeiten vor und zeigen die überraschende Vielfalt von Möglichkeiten, die in jeder Obst- oder Gemüsesorte steckt. Entdecken Sie Kürbis als Ketchup oder Konfitüre, Apfelmus einmal mit Ahornsirup oder das feinherbe Birnen-Vogelbeer-Gelee. Probieren Sie aus und erfinden Sie neue Variationen. Sie werden sehen, es macht Spaß – und selbst gemacht schmeckt's einfach besser!

Apfelkompott

FÜR 4 GLÄSER à 1 L

- 1 Zitrone
- 2 kg Äpfel
- 100 g Rosinen
- 1 Vanilleschote
- 275 g Zucker
- 1/2 l Apfelwein

➤ Haltbarkeit: 6–12 Monate

1 | Gläser gründlich waschen, sehr heiß ausspülen. Umgedreht auf einem sauberen Tuch abtropfen lassen.

2 | Zitrone auspressen. Äpfel schälen, vierteln, Kerngehäuse entfernen. Viertel in Spalten schneiden. Mit Zitronensaft beträufeln und mit den Rosinen in die Gläser füllen.

3 | Vanilleschote aufschlitzen, mit dem Zucker in 1/2 l Wasser aufkochen, bis sich der Zucker gelöst hat. Mit dem Apfelwein mischen.

4 | Die Gläser bis 3 cm unter den Rand mit dem Sud auffüllen, verschließen und nach einer der unten angegebenen Methoden 25 Min. einkochen. Im Topf oder Ofen abkühlen lassen.

➤ **Wichtig:** Die Einkochzeit beginnt, wenn das Wasser im Topf siedet oder im Herd die eingestellte Temperatur erreicht ist.

1 *Im Backofen:* Ein Tuch in die Fettpfanne legen, Gläser darauf stellen, 2–3 cm hoch Wasser einfüllen. In den Ofen schieben. 125° einstellen (mit dem Backofenthermometer überprüfen).

2 *Im Topf:* Ein Tuch auf den Boden legen. Gläser darauf stellen. Sie dürfen sich nicht berühren. Bis 3 cm unter die Deckel Wasser einfüllen. Wasser aufkochen, zugedeckt leise sieden lassen.

3 *Im Schnellkochtopf:* 5 cm hoch Wasser einfüllen. Gläser im Dämpfeinsatz in den Topf stellen, auf der Garstufe erhitzen. Die angegebene Garzeit verringert sich auf ein Drittel.

Praktische Helfer

Zestenreißer, Gemüsehobel:
Mit dem Zestenreißer lässt sich die Schale von Zitrusfrüchten schnell und einfach abziehen. Praktisch für Obst und Gemüse ist ein Gemüsehobel mit unterschiedlichen Einsätzen.

Messbecher, Waage:
Bei Messbecherskalen beachten, dass auch kleine Mengen (ab 100 ml) ablesbar sind. Für ganz kleine Mengen ist ein Barmaß praktisch. Bei der Waage auf feine Skalen und deutliche Anzeigen achten.

Durchschlag, Sieb, Tücher zum Saftabtropfen:
Ein großer Durchschlag zum Abtropfen, feine und grobe Siebe zum Passieren von Früchten und Gemüse und Passiertücher aus Baumwolle zur Saftgewinnung sind unverzichtbar.

Gläser: Für Konfitüren, Gelees und für eingelegte Gemüse sind Twist-off-Gläser mit intaktem Deckel ideal. Zum Einkochen brauchen Sie Gläser mit zweiteiligem beschichtetem Schraubdeckel oder mit Glasdeckel, Gummiring und Bügelverschluss.

Einfülltrichter: Für flüssiges Gargut, das in Flaschen abgefüllt wird, genügt ein normaler Trichter. Für stückiges Einmachgut gibt es spezielle Trichter mit weiter Öffnung, die sich gut auf die Gläser setzen lassen.

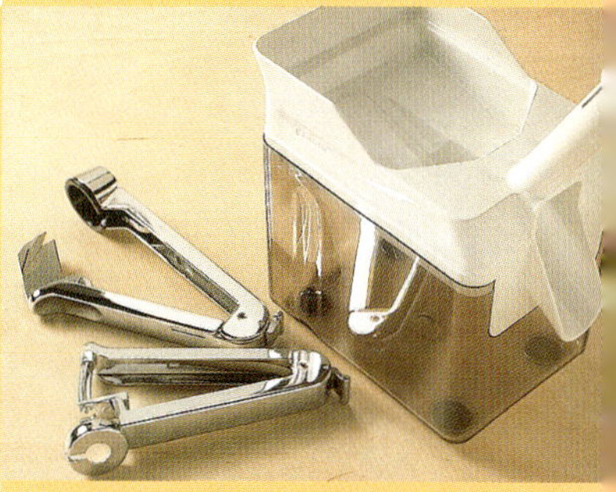

Entsteiner: Das mühsame Entsteinen von Kirschen und Zwetschgen erleichtern die praktischen Spezialgeräte. Es gibt kleine Handgeräte für kleine Mengen, während sich für große Mengen Tischgeräte mehr empfehlen.

Konservieren mit Zucker

Zucker dient sowohl zum Aromatisieren als auch zum Konservieren. Die Zuckersorte hat großen Einfluss auf Farbe und Geschmack der eingekochten Produkte.

1 | Rohrzucker und Rübenzucker

Rohrzucker wird aus Zuckerrohr gewonnen, Rübenzucker aus der Zuckerrübe. Die Zuckergewinnung ist bei beiden sehr ähnlich. Beides wird zerkleinert und ausgepresst. Der Saft wird zu einem Sirup eingekocht, der dunkelbraun gefärbt ist. Durch mehrmaliges Reinigen und Kristallisieren des Rohzuckers erhält man den weißen **Raffinadezucker**.

1 *Zucker macht Früchte in Konfitüre und Gelee haltbar.*

2 | Honig

gibt es in verschiedenen Farben, Konsistenzen und – je nach dem, wo der Nektar gesammelt wurde – in sehr unterschiedlichen Geschmacksrichtungen.

3 | Ahornsirup

ist eine kanadische Spezialität, die aus dem Saft des nordamerikanischen Zuckerahorns hergestellt wird. Er hat ein karamell-artiges Aroma.

4 | Gelierzucker

ist mit Apfelpektin und Zitronensäure versetzter Zucker. Es gibt ihn in verschiedenen Mischungsverhältnissen:

➤ **1:1** = auf 1 kg Früchte kommt 1 kg Gelierzucker. Der Vorteil zum normalen Zucker liegt in der erheblichen Verringerung der Kochzeit. Dadurch bleiben Farbe und Aroma der Früchte erhalten. Durch den hohen Zuckergehalt sind die Produkte ein bis zwei Jahre haltbar.

➤ **2:1 und 3:1** = die Zuckermenge kann zur Menge der Früchte im Verhältnis 2:1 oder 3:1 verringert werden. Die Produkte sind fruchtiger und nicht so süß, allerdings durch den niedrigeren Zuckergehalt nur etwa sechs Monate haltbar.

➤ **Pektine** sind die natürlichen Gelier- und Dickungsmittel, die in den Pflanzenzellen der meisten Früchte vorhanden sind. Die größte Menge Pektine enthalten die Früchte kurz vor ihrer Vollreife. Viel natürliches Pektin enthalten Äpfel, Quitten, Johannisbeeren und Stachelbeeren, wenig enthalten Feigen, Kirschen, Pfirsiche und Ananas.

➤ **Geliermittel** – aus Pektinen und Zitronensäure gemischt – ist wie Gelierzucker in verschiedenen Konzentrationen erhältlich (1:1, 2:1, 3:1) und wird im angegebenen Verhältnis mit Zucker gemischt.

Vom Saft zum Gelee

:ntsaften

ɪm Kochtopf: 1–3 kg ;ewaschenes und zer-:leinertes Obst mit 1/8 ›is 1/2 l Wasser aufko-:hen und bei niedriger 'emperatur 10–20 Min. Beeren nur 5 Min.) :ocheln lassen. In ein ɪnit einem Tuch ausge-egtes Sieb schütten, .–2 Std. abtropfen las-ɪen. Leicht ausdrücken.

)ampfentsafter: spezi-ɪller Topf, in den Früch-ekorb und Saftbehälter ›ingesetzt werden.

:lektrischer Entsafter: oh gepresste Säfte ;elieren schlechter, da ;ie weniger Pektine aus len Früchten enthalten.

Birnen- und Apfel-dicksaft

2,5 kg Birnen oder Äpfel waschen, vierteln, mit 1/2 l Apfelsaft, 1/2 TL gemahlenem Piment und 1 Zimtstange aufkochen und in 1 Std. bei schwacher Hitze zu Mus kochen.
Ein Sieb mit einem Tuch auslegen, das Mus portionsweise hineingießen, Saft ablaufen lassen.
Saft mit 2–3 EL Zitronensaft offen dickflüssig einkochen.
In sterilisierte Gläser füllen und verschließen.
Ideal zum Süßen und als Aufstrich.

Holunderblütensirup

0,75 l Weißwein mit 0,8 l Wasser und 1 TL Zitronensäure in einem großen verschließbaren Gefäß mischen.
4 unbehandelte Zitronen waschen und in Scheiben schneiden. Zitronenscheiben mit 15–20 Holunderblüten zum Wein geben. Im Kühlschrank 5 Tage ziehen lassen, dabei öfter umrühren.
Sud durch ein Sieb in einen Topf gießen.
1,5 kg Zucker dazugeben und in 10 Min. zu einem leichten Sirup einkochen lassen. In Flaschen füllen und sofort verschließen.
Der Sirup ist mindestens 6 Monate haltbar.

Holunderblüten-gelee

1 l Holunderblütensud mit 500 g Gelierzucker (2:1) mischen, aufkochen und 4 Min. sprudelnd kochen. In sterilisierte Gläser füllen und verschließen.

Orangen-Campari-Gelee

1,2 l Orangensaft, frisch gepresst oder Direktsaft, mit 500 g Gelierzucker (3:1) aufkochen und 4 Min. sprudelnd kochen lassen. 100 ml Campari oder anderen Bitterlikör dazugeben, in sterilisierte Twist-off-Gläser füllen und sofort verschließen.

Haltbarmachen durch Essig, Salz, Öl oder Alkohol

1 | Essig

... ist ein altes Würz- und Konservierungsmittel. Geeignet ist Rot- oder Weißweinessig, Obst- oder Apfelessig ohne Würzzusatz. Konservierend wirkt Essig durch seinen hohen Säuregehalt, der die Entwicklung von Bakterien verhindert, die Lebensmittel verderben lassen. Essig sollte 5–7 % Essigsäure enthalten. Eingelegte Gemüse bleiben knackiger, wenn sie mit kaltem Essigsud aufgefüllt werden.

2 | Salz

... macht Lebensmittel haltbarer, weil es Bakterien durch Osmose abtötet oder deaktiviert. Geeignet ist normales Kochsalz ohne Zusätze oder Meersalz.
Lebensmittel können trocken in Salz eingelegt werden oder in einer Salzbeize konserviert werden.
Pickles und eingelegte Gemüse werden oft vor der Verarbeitung 12–24 Std. in Salzwasser eingelegt. Die Gemüse nehmen Salzwasser auf und bleiben beim Einlegen fester.

1 *Weinessig mit frischen Kräutern 10 Tage am Fenster ziehen lassen. In eine Flasche abgießen.*

3 | Öl

Das Haltbarmachen vor allem von Gemüse durch das Einlegen in Öl ist besonders im Mittelmeerraum verbreitet. Gemüse bleibt unter Luftabschluss, also wenn es vollständig von Öl bedeckt ist, mehrere Monate haltbar. Vorher wird es in der Regel in einem leichten Essigsud (1/4 l Essig auf 1 l Wasser + 2 EL Salz) oder Salzwasser wenige Minuten blanchiert und vor dem Einschichten ins Glas gut getrocknet. Wichtig ist, dass beim Auffüllen mit Öl entstehende Luftblasen entfernt werden. Gemüse können auch direkt in Öl bei niedriger Temperatur (ca. 70°) je nach Konsistenz 10–20 Min. gegart und dann in Gläser abgefüllt werden.

2 *Beim Auffüllen mit Öl darauf achten, dass sich keine Luftblasen bilden.*

4 | Alkohol

... ist ein ideales Konservierungsmittel, weil in hochprozentigem Alkohol Mikroorganismen nicht überleben können. Alkohol kann pur oder gemischt mit Zucker oder Sirup und Gewürzen zum Einlegen von Früchten verwendet werden. Sie können Wodka, Gin, Fruchtbrände, Cognac oder andere Spirituosen verwenden, wenn sie mindestens 40 Vol. % Alkohol enthalten.

Einmachgewürze

ngwer: Der Wurzelstock der flanze wird frisch, getrocknet und emahlen als Pulver und kandiert, Sirup eingelegt, verwendet. Er chmeckt sehr intensiv, scharf, üßlich. Ingwer ist für süße und ikante Rezepte geeignet.

Vanille: Vanilleschoten sind fermentierte Schoten einer tropischen Orchideenart. Duft und Geschmack sind süß und einzigartig. Verwendet wird das Mark, die Schoten können mitgekocht werden.

Zimt, Nelken, Kardamom: Sehr aromatische Gewürze, die einzeln oder in Kombination im Ganzen oder gemahlen zugesetzt werden. Passen besonders gut zu Herbst- und Winterfrüchten, geben pikanten Rezepten eine orientalische Note.

iment & Pfeffer: Piment chmeckt leicht scharf und aronatisch nach Nelken (heißt desalb auch Nelkenpfeffer). Für üßes und Pikantes geeignet. fefferkörner werden als ganze örner, geschrotet oder gemahen verwendet.

Chili: Chilischoten werden frisch oder getrocknet in unterschiedlichen Schärfegraden angeboten, aber auch gemahlen oder als Chiliflocken. Für Pickles, pikante und fruchtige Saucen, Chutneys und Gemüse.

Senfkörner, Senfmehl: Schmeckt durch den Gehalt an Senföl typisch senfartig, brennend scharf. Zum Einlegen von Gurken, Gemüse und für Marinaden werden die ganzen Körner, für Saucen und Chutneys wird Senfmehl verwendet.

Würziges mit Essig, Öl und Alkohol

Kräuterpaste

100 g Kräuter wie Kerbel, Bärlauch oder Basilikum waschen, trockentupfen und grob hacken.
Mit 7 g Meersalz und 100 ml Öl im Mixer pürieren. In kleine, möglichst dunkle Gläser füllen und gut verschließen. Kühl und dunkel aufbewahren. Die Paste ist etwa 6 Monate haltbar.

Verwendung: Basis für Pesto, Saucen, Suppen.

Bärlauch-Tomaten-Paste

50 g getrocknete Tomaten in siedendes Wasser legen, vom Herd nehmen und 10 Min. quellen lassen. Abgießen, ausdrücken und grob hacken.
100 g Bärlauch waschen, trockentupfen, Stiele entfernen. Die Blätter grob hacken, mit 7 g Salz und 150 ml Olivenöl pürieren. Tomaten dazugeben und weitermixen, nicht pürieren. Paste in Gläser füllen, kühl und dunkel aufbewahren.
Die Paste ist 3–4 Monate haltbar.

Verwendung: Aufstrich und Nudelsauce.

Chili-Basilikum

Für 1 Glas (200 ml) 1 Bund Thai-Basilikum waschen, Blättchen abzupfen, trocknen. 10 frische Chilischoten aufschlitzen, Kerne und Stielansätze entfernen, Schote in Streifen schneiden. 5 Knoblauchzehen schälen, in Scheibchen schneiden.
150 ml Olivenöl erwärmen. Basilikum, Chili und Knoblauch darin 5 Min. bei milder Hitze ziehen lassen. 2 TL Salz unterrühren, in ein Glas füllen und verschließen, 1 Woche ziehen lassen. 3–6 Monate haltbar.

Verwendung: als Würze für Wokgerichte.

Würzöle

500 ml Öl erwärmen, m Würzzutaten in Flasche füllen. Kühl und dunkel 1–3 Wochen ziehen lassen, durch ein Sieb in saubere Flaschen füller Etwa 6 Monate haltbar.

➤ **Knoblauchöl:** 5 Knoblauchzehen in Stifte schneiden, mit 4 getrockneten, zerbrö ten Chilis zum Öl geber

➤ **Zitrusöl:** Zitronen- o Orangenschale und 1 E gestoßene Koriander-körner zum Öl geben.

➤ **Kräuteröl:** 5–6 Rosm rin- oder Thymianstäng oder 50 g Basilikumblä zum Öl geben.

sig aromatisieren

Weiß- oder Rotwein-
ig mit den Zutaten
värmen, in Flaschen
en. Nach 2–3 Wo-
n durch ein Sieb
laschen gießen.
hr haltbar.

Zitronenessig:
nbehandelte Zitronen
Scheiben und 1 TL
z zum Essig geben.

Himbeeressig:
0 g zerdrückte Him-
eren und 5 Basilikum-
tter mit Essig mischen.

Gewürzessig:
1 TL Pimentkörner
d Nelken, 1 EL Pfef-
körner und 3 ge-
cknete Chilis dazu-
ben.

Pikante Früchte

1 walnussgroßes Stück Ingwer schälen, in Scheiben schneiden. Mit je 150 ml Essig und Rotwein, 300 g Zucker, 2–3 Zimtstangen, 1 Chilischote 3 Min. kochen lassen.
1 kg Früchte (Äpfel, Birnen, Pflaumen, Pfirsiche) putzen, schälen, in mundgerechte Stücke schneiden und 3 Min. im Sud ziehen lassen. Herausheben, in sterilisierte Gläser füllen.
Den Sud 5 Min. bei starker Hitze einkochen lassen, über die Früchte gießen und die Gläser sofort verschließen.

➤ Passt zu: Wild, Ente, Gans und Fondue.

Likör

1 l selbst gemachten Saft (s. S. 7) mit 500 g Zucker und aromatischen Gewürzen nach Geschmack (z. B. Vanilleschoten, Sternanis, Zimt etc.) aufkochen und 24 Std. stehen lassen.
Mit 1/2 l Wodka oder anderen neutralen Spirituosen mischen.
Likör in Flaschen füllen und 60 Tage ruhen lassen.

Rumtopf

Einwandfreie, vollreife Früchte der Jahreszeit (Erdbeeren, Kirschen, Aprikosen, Mirabellen, gehäutete Pfirsiche, Melonen, Zwetschgen, Trauben) putzen und in mundgerechte Stücke schneiden. Früchte mit feinstem Zucker im Verhältnis 2:1 mischen. Kühl stellen, bis sich der Zucker aufgelöst hat. In einen Steingut- oder Porzellantopf mit Deckel füllen und mit Rum (54 Vol. %) auffüllen. Die Früchte müssen bedeckt sein. Jeweils nur eine Sorte einfüllen. Jede Obstsorte 10 Tage ziehen lassen, bevor die nächste dazukommt.

Früchte – süß und pikant

Die Früchte der Jahreszeiten schmecken süß oder pikant, als Kompott, in Sirup, im Würzsud, als Konfitüre, Gelee, Chutney oder Likör. Sie sind nicht nur als Brotaufstriche geeignet, sondern auch ideal für feine Desserts und pikante Beilagen.

Blitzrezepte

Erdbeerkonfitüre

FÜR 6 GLÄSER à 1/4 L

➤ **1 kg Erdbeeren | 500 g Gelierzucker (2:1) | 4 g Zitronensäure
1 Vanilleschote**

1 | Die Früchte waschen, gut abtropfen lassen, putzen und halbieren. In einem weiten Topf mit dem Zucker und der Zitronensäure mischen.

2 | Die Vanilleschote aufschlitzen, das Mark herauskratzen. Mark und Schote zu den Erdbeeren geben. Aufkochen und 4 Min. sprudelnd kochen lassen. 3 Min. stehen lassen, dann in sterilisierte Twist-off-Gläser füllen.

Haltbarkeit: 6 Monate

Kaltgerührte Himbeerkonfitüre

FÜR 4 GLÄSER à 1/4 L

➤ **500 g Himbeeren | 500 g feiner Zucker
5 g Zitronensäure**

1 | Himbeeren verlesen, mit Zucker und Zitronensäure im Mixer 15 bis 20 Min. pürieren, bis sich der Zucker aufgelöst hat.

2 | In sterilisierte Twist-off-Gläser füllen, verschließen und kühl aufbewahren.

Haltbarkeit: 2–3 Monate

einfach | schnell

Apfelmus mit Ahornsirup

FÜR 4 GLÄSER à 400 ML

- **2 kg säuerliche Äpfel**
- **6 EL Zitronensaft**
- **1 Vanilleschote**
- **200 ml Apfelwein (ersatzweise Apfelsaft)**
- **5 EL Ahornsirup**

Zubereitung: 30 Min.
- Pro Glas ca.: 310 kcal
- Haltbarkeit: 6 Monate

1 | Äpfel waschen, ungeschält in Stücke schneiden, dabei das Kerngehäuse entfernen. Äpfel mit Zitronensaft mischen.

2 | Vanilleschote aufschlitzen, das Mark herausschaben. Vanillemark und -schote mit Apfelwein und den Äpfeln zugedeckt aufkochen. Bei mittlerer Hitze in 15–20 Min. weich dünsten.

3 | Schote entfernen, das Mus durch ein Sieb passieren. Das Püree wieder aufkochen, Ahornsirup unterrühren. Apfelmus sofort in sterilisierte Twist-off-Gläser füllen und verschließen.

- Variante:

Pikantes Apfelmus

2 kg Äpfel vorbereiten und mit 1/2 l Apfelsaft zu Püree kochen. Durch ein Sieb streichen, wieder in den Topf geben und mit dem Saft von 1 Zitrone, 200 g Zucker, 1/2 TL gemahlenen Nelken und 1 TL Piment mischen. Unter Rühren 30 Min. einkochen lassen. In sterilisierte Gläser füllen und sofort verschließen. Schmeckt als würzig-süßer Brotaufstrich, aber auch zu gekochtem Tafelspitz oder zu Gans und Ente.

raffiniert | fruchtig

Apfelgelee

FÜR 5 GLÄSER à 1/4 L

- **1 Zitrone**
- **600 ml selbst gemachter Apfelsaft (Rezept S. 7)**
- **400 ml Cidre**
- **400 g Gelierzucker (2:1)**
- **1 TL getrocknete Lavendelblüten (aus der Apotheke)**

Zubereitung: 15 Min.
- Pro Glas ca.: 430 kcal
- Haltbarkeit: 6 Monate

1 | Die Zitrone auspressen und den Saft mit Apfelsaft und Cidre mischen. Mit Gelierzucker und Lavendelblüten mischen und aufkochen. 4 Min. sprudelnd kochen lassen.

2 | Durch ein Sieb in sterilisierte Twist-off-Gläser füllen und sofort verschließen.

- Varianten:

Pikantes Apfelgelee

Statt der Lavendelblüten 6–8 zerdrückte Wacholderbeeren oder 1 EL eingelegten grünen Pfeffer oder in Ringe geschnittene rote Chilischoten mitkochen. Mit den Gewürzen in Gläser füllen. Passt sehr gut zu kaltem Fleisch und Käse.

Apfel-Holunder-Gelee

600 ml Apfelsaft und 300 ml Holunderbeersaft mit 300 g Gelierzucker (3:1) mischen. 1 walnussgroßes Stück Ingwer schälen und in Scheiben schneiden. 1 Zitrone auspressen und den Saft dazugeben. Aufkochen lassen und unter Rühren 3 Min. sprudelnd kochen lassen. Ingwer herausnehmen. In Gläser füllen und sofort verschließen.

im Bild vorne: **Apfelmus mit Ahornsirup** *im Bild hinten:* **Apfelgelee** ➤

orientalisch | fruchtig

Aprikosen in Teesirup

FÜR 4 GLÄSER à 1/2 L

- **1 kg Aprikosen**
  1 Vanilleschote
  3/4 l schwarzer Tee
  100 g Zucker
  1 TL Rosenwasser (aus dem türkischen Lebensmittelladen)

Zubereitung: 25 Min.
Sterilisieren: 20 Min.
- Pro Glas ca.: 200 kcal
- Haltbarkeit: 6 Monate

1 | Die Aprikosen mit kochendem Wasser überbrühen und 3 Min. ziehen lassen. Aprikosen häuten, halbieren und die Kerne entfernen.

2 | Vanilleschote aufschlitzen, mit dem Tee und dem Zucker aufkochen. Vanilleschote entfernen, das Rosenwasser dazugeben. Abkühlen lassen.

3 | Die Aprikosen in die Gläser füllen. Mit Sirup aufgießen und im Backofen oder einem großen Topf 20 Min. sterilisieren (s. S. 4).

Die Aprikosen als Dessert servieren mit Vanillesauce, Joghurtsauce oder Eis.

- **Variante aus getrockneten Aprikosen:** Aus den angegebenen Zutaten einen Vanille-Tee-Sirup kochen, 400 g getrocknete Aprikosen darin aufkochen und 30 Min. bei niedriger Hitze köcheln lassen. In sterilisierte Gläser füllen und sofort verschließen.

pikant

Aprikosen-Tomaten-Chutney

FÜR 3 GLÄSER à 200 ML

- **100 g getrocknete Aprikosen**
  500 g Fleischtomaten
  1 kleine Chilischote
  1 Zwiebel
  50 g getrocknete Tomaten
  100 ml Weinessig
  1 1/2 TL Salz
  1/2 TL gemahlener Piment
  1 TL Tamarindenextrakt (Asienladen)
  100 g Rohrzucker

Zubereitung: 1 Std.
- Pro Glas ca.: 270 kcal
- Haltbarkeit: 12 Monate

1 | Aprikosen würfeln. Tomaten mit kochendem Wasser überbrühen, 1 Min. stehen lassen, dann häuten und würfeln. Chilischote aufschlitzen, Kerne entfernen. Zwiebel schälen. Chili und Zwiebel fein hacken. Getrocknete Tomaten klein schneiden.

2 | Vorbereitete Zutaten mit Essig, Salz, Piment, Tamarindenextrakt und Zucker im Topf mischen und aufkochen lassen. Bei niedriger Hitze 30 Min. unter gelegentlichem Rühren dick einkochen lassen. In sterilisierte Twist-off-Gläser füllen und sofort verschießen.

- Variante:
  Aprikosenkonfitüre
  700 g entkernte frische Aprikosen und 100 g getrocknete Aprikosen würfeln. Mit 200 ml Muskatwein, Saft von 1 Zitrone und 1 aufgeschlitzten Vanilleschote 10 Min. köcheln lassen. Mit 500 g Gelierzucker 2:1 mischen und unter Rühren 4 Min. sprudelnd kochen lassen. In sterilisierte Twist-off-Gläser füllen und sofort verschließen.

im Bild vorne: **Aprikosen in Teesirup** *im Bild hinten:* **Aprikosen-Tomaten-Chutney** ➤

zartherb | ungewöhnlich

Birnen-Rooibusch-Gelee

FÜR 5 GLÄSER à 1/4 L

➤ **400 g Birnen**
1 Stück frischer Ingwer (etwa nussgroß)
700 ml Rooibuschtee (ersatzweise schwarzer Tee)
4 g Zitronensäure
500 g Gelierzucker (2:1)

◷ Zubereitung: 30 Min.
➤ Pro Glas ca.: 430 kcal
➤ Haltbarkeit: 6 Monate

1 | Birnen schälen, Kerngehäuse entfernen, Früchte würfeln. Ingwer schälen und sehr fein würfeln.

2 | Rooibuschtee mit Ingwer, Birnen, Zitronensäure und Zucker aufkochen. 4 Min. sprudelnd kochen lassen.

3 | Gelee 3 Min. stehen lassen, dann in sterilisierte Gläser füllen und sofort verschließen.

➤ Variante:
Statt mit Ingwer schmeckt das Gelee auch mit Vanille oder Nelke.

feines Dessert | exotisch

Safranbirnen

FÜR 3 GLÄSER à 1/2 L

➤ **1 Stück frischer Ingwer (etwa nussgroß)**
1 unbehandelte Zitrone
2 Vanilleschoten
250 g Zucker
1 Döschen Safranfäden (0,2 g)
1 kg Birnen
5 g Zitronensäure

◷ Zubereitung: 35 Min.
➤ Pro Glas ca.: 480 kcal
➤ Haltbarkeit: 6 Monate

1 | Ingwer schälen, in Scheiben schneiden. Zitronenschale mit dem Zestenreißer abziehen, Saft auspressen.

2 | Vanilleschoten aufschlitzen. 1 l Wasser mit dem Zucker, Safran, Zitronenschale, Ingwer und den Vanilleschoten aufkochen und 15 Min. einkochen lassen.

3 | Birnen waschen, vierteln, schälen und Kerngehäuse und Stiele entfernen. Birnen, Zitronensaft und -säure zum Safransirup geben und 5–8 Min. sanft köcheln lassen.

4 | Birnen in sterilisierte Gläser füllen, den Sirup noch einmal aufkochen, in die Gläser gießen. Die Gläser sofort verschließen. Schmeckt gut mit Vanilleeis und Erdbeeren.

➤ Variante:
Würzige Birnen
Einen Sud aus 1/4 l Weißweinessig, 100 ml Wasser, 150 ml Zucker, 1 Zimtstange, 1 Döschen Safran (0,2 g), 3 Sternanis und 2 getrockneten Chilischoten aufkochen und 10 Min. köcheln lassen. Inzwischen 3 große, feste Birnen waschen, dann im Ganzen mit Schale und Kernen mit einem scharfen Messer oder der Brotschneidemaschine in 3 mm dicke Scheiben schneiden. In den Sud geben und 2 Min. köcheln lassen. In sterilisierte Twist-off-Gläser füllen und sofort verschließen. Die Birnen passen gut zu orientalischen Vorspeisen und zu gegrilltem Fleisch.

im Bild vorne: **Safranbirnen** *im Bild hinten:* **Birnen-Rooibusch-Gelee** ➤

aromatisch | fruchtig

Johannisbeergelee rot-schwarz

FÜR 4 GLÄSER à 1/4 L

- **je 500 g rote und schwarze Johannisbeeren**
- **2 Vanilleschoten**
- **500 g Gelierzucker (2:1)**
- **50 ml Limettensaft**

Zubereitung: 30 Min.
Abtropfzeit: 1 Std.
- Pro Glas ca.: 590 kcal
- Haltbarkeit: 6 Monate

1 | Beeren waschen, mit 300 ml Wasser aufkochen, bei kleiner Hitze 10 Min. kochen lassen, dabei zerdrücken. Ein Sieb mit einem Gazetuch auslegen, Früchte 1 Std. abtropfen lassen.

2 | Vanilleschoten aufschlitzen, Mark herausschaben. Saft abmessen, mit Limettensaft und Wasser auf 1 l auffüllen. Zucker dazugeben und aufkochen lassen. 4 Min. sprudelnd kochen lassen. 3 Min. stehen lassen. In sterilisierte Twist-off-Gläser füllen und verschließen.

- Variante:

Beerengelee

Je 250 g rote und schwarze Johannisbeeren, Stachel- und Himbeeren verarbeiten. Saft abtropfen lassen, mit Zitronensaft, 100 ml Holunderblütensirup und Wasser auf 1,5 l auffüllen. Mit Vanille und 500 g Gelierzucker (3:1) zu Gelee kochen.

sommerlich | frisch

Johannisbeer-Melonen-Konfitüre

FÜR 4 GLÄSER à 1/4 L

- **500 g rote Johannisbeeren**
- **1 Honigmelone**
- **500 g Rohrzucker**
- **1 Päckchen Geliermittel (2:1)**
- **4 g Zitronensäure**

Zubereitung: 30 Min.
Abtropfzeit: 1 Std.
- Pro Glas ca.: 610 kcal
- Haltbarkeit: 6 Monate

1 | Johannisbeeren waschen, mit 100 ml Wasser aufkochen. Bei kleiner Hitze 10 Min. kochen lassen. Ein Sieb mit einem Gazetuch auslegen, Früchte hineingießen und 1 Std. abtropfen lassen, leicht ausdrücken.

2 | Fruchtfleisch der Honigmelone auslösen und in Würfel schneiden. Johannisbeersaft in einen Messbecher füllen und mit Melonenstücken auf 1,2 l auffüllen. Melone zum Teil mit dem Pürierstab pürieren.

3 | Zucker, Geliermittel und Zitronensäure mischen, zum Saft geben. Aufkochen und unter Rühren 4 Min. sprudelnd kochen lassen. 3 Min stehen lassen.

4 | Konfitüre in sterilisierte Twist-off-Gläser füllen, verschließen und 5 Min. auf den Deckel stellen.

- Variante:

Johannisbeer-Tomaten-Konfitüre

500 g Eiertomaten häuten und in kleine Würfel schneiden. Mit 600 ml Johannisbeersaft, dem Saft 1 Zitrone und 500 g Gelierzucker (2:1) mischen. Unter Rühren aufkochen und 4 Min. sprudelnd kochen lassen.

im Bild vorne: **Johannisbeer-Melonen-Konfitüre** *im Bild hinten:* **Johannisbeergelee rot-schwarz** mit Rotwein | schnell

Brombeerkonfitüre

FÜR 4 GLÄSER à 200 ML

- **750 g Brombeeren**
- **250 ml Rotwein**
- **1 Zimtstange**
- **500 g Gelierzucker (2:1)**

Zubereitung: 20 Min.
- Pro Glas ca.: 630 kcal
- Haltbarkeit: 6 Monate

1 | Brombeeren verlesen, mit Rotwein und Zimt aufkochen. Den Gelierzucker einrühren, 4 Min. sprudelnd kochen lassen, dann 3 Min. stehen lassen.

2 | Konfitüre in sterilisierte Twist-off-Gläser füllen und sofort verschließen.

TIPP Brombeeren lassen sich auch sehr gut mit Äpfeln, Birnen, Himbeeren oder Pfirsichen kombinieren.

- Variante:

Brombeer-Zitrus-Gelee

750 g Brombeeren mit 1/4 l Wasser 10 Min. kochen lassen. Saft abtropfen lassen und mit dem Saft von 2 Zitronen und Orangensaft auf 1 l auffüllen. Saft mit 1 Zimtstange und 500 g Gelierzucker (2:1) mischen, aufkochen und 4 Min. sprudelnd kochen lassen. In sterilisierte Twist-off-Gläser füllen.

fruchtig | pikant

Kiwi-Ananas-Salsa

FÜR 4 GLÄSER à 200 ML

- **400 g Kiwi**
- **400 g Ananas**
- **3 Limetten (etwa 100 ml Saft)**
- **1 rote Chilischote**
- **100 g Honig**
- **50 ml Weißweinessig**
- **1 TL gemahlener Ingwer**
- **1/4 TL gemahlene Nelken**
- **100 g Gelierzucker (2:1)**

Zubereitung: 35 Min.
- Pro Glas ca.: 260 kcal
- Haltbarkeit: 6 Monate

1 | Kiwis halbieren, Fruchtfleisch mit einem Löffel aus der Schale lösen und pürieren. Ananas schälen, Fruchtfleisch würfeln, dabei den harten Strunk entfernen. Limetten auspressen. Chilischote in Ringe schneiden, Kerne entfernen.

2 | Honig im Limettensaft erhitzen. Ananas darin 3 Min. köcheln lassen. Kiwipüree, Chili, Essig, Ingwer, Nelken und Zucker unterrühren. Salsa noch einmal 3 Min. sprudelnd kochen lassen. In sterilisierte Twist-off-Gläser füllen und sofort verschließen.

- Passt zu: gegrilltem Fleisch und kaltem Braten.
- Variante:

Kiwi-Ananas-Konfitüre

400 g geschälte Kiwis und 400 g Ananasfruchtfleisch in kleine Stücke schneiden. Mit je 100 ml Zitronensaft und Grapefruitsaft und 500 g Gelierzucker (2:1) mischen. Aufkochen lassen und unter Rühren 4 Min. sprudelnd kochen lassen. 4 EL weißen Rum unterrühren und in Gläser füllen.

im Bild vorne: **Brombeerkonfitüre** *im Bild hinten:* **Kiwi-Ananas-Salsa** ➤

sommerlich | aromatisch

Sauerkirsch-konfitüre

FÜR 5 GLÄSER à 1/4 L

- **1 Zitrone**
- **250 g Himbeeren**
- **750 g Sauerkirschen**
- **1/4 l Johannisbeersaft**
- **1 Päckchen Bourbon-Vanillezucker**
- **400 g Gelierzucker (3:1)**
- **4 EL Orangenlikör nach Belieben**

Zubereitung: 30 Min.
- Pro Glas ca.: 480 kcal
- Haltbarkeit: 6 Monate

1 | Die Zitrone auspressen. Himbeeren verlesen. Die Kirschen waschen und entsteinen. Den Saft dabei auffangen. Mit Johannisbeersaft, Himbeeren, Vanillezucker und Zucker aufkochen. 4 Min. sprudelnd kochen lassen.

2 | Orangenlikör nach Belieben untermischen. 3 Min. stehen lassen. Die Konfitüre in sterilisierte Twist-off-Gläser füllen und sofort verschließen.

feinsäuerlich | Dessert

Kirschkompott

FÜR 4 GLÄSER à 1/2 L

- **1 kg Sauerkirschen**
- **1/2 unbehandelte Zitrone**
- **1 Vanilleschote**
- **100 g Zucker**
- **125 g Gelierzucker (1:1)**

Zubereitung: 30 Min.
- Pro Glas ca.: 360 kcal
- Haltbarkeit: 12 Monate

1 | Kirschen waschen, Stiele auf 2 cm kürzen (Stiele nicht entfernen, sonst verlieren die Kirschen zu viel Saft). Zitronenschale mit dem Sparschäler dünn abschälen, Saft auspressen. Vanilleschote aufschlitzen.

2 | Kirschen und Zitronenschale in die Gläser füllen. Zucker und Gelierzucker mit 1/2 l Wasser und Zitronensaft und der Vanilleschote aufkochen.

3 | Den Sirup in die Gläser füllen. Die Gläser verschließen. Im Kochtopf oder im Backofen 20 Min. sterilisieren.

- Varianten:

Pikante Süßkirschen

1 kg Süßkirschen entsteinen und in Gläser füllen. Einen Sud aus 300 ml Essig, 200 ml Wasser, 300 g Zucker, Saft und Schale 1 unbehandelten Orange, 1 Zimtstange, 3 Gewürznelken und 5 Pimentkörnern 10 Min. köcheln lassen. Durch ein Sieb zu den Kirschen in die Gläser füllen und wie oben beschrieben sterilisieren.

Wodka-Kirschen

500 g Süßkirschen waschen, mehrmals anstechen, Stiele entfernen. Kirschen in Gläser füllen. 75 g Zucker in 150 ml Wasser auflösen, mit 100 ml Kirschlikör oder Kirschbrandy und 1/2 l Wodka mischen. In die Gläser füllen. 2–3 Wochen ziehen lassen.

im Bild vorne: **Sauerkirschkonfitüre** *im Bild hinten:* **Kirschkompott**

braucht etwas Zeit
edel

Maroni in Zitronensirup

FÜR 2 GLÄSER à 1/2 L

- **750 g Maroni (Esskastanien)**
  2 unbehandelte Zitronen
  200 g Zucker

Zubereitung: 1 Std.
- Pro Glas ca.: 1090 kcal
- Haltbarkeit: 6 Monate

1 | Die Maroni kreuzweise einschneiden, in reichlich Wasser in 20 Min. nicht zu weich kochen. Abgießen, Schale und die braunen Häutchen entfernen.

2 | Die Zitronen mit dem Sparschäler dünn schälen, Saft auspressen. Saft und Schale mit Zucker und 1/2 l Wasser in 5–10 Min. zu einem leichten Sirup einkochen.

3 | Maroni in sterilisierte Twist-off-Gläser verteilen, mit dem heißen Sirup auffüllen und sofort verschließen.

- Passt zu: Obstdesserts

- Variante:

»Trockene« Maroni

Die Maroni vorbereiten und schälen wie oben beschrieben. Trocken in Einkochgläser füllen, verschließen und im Kochtopf oder Backofen 20 Min. sterilisieren.
Die Maroni lassen sich für süße und pikante Gerichte verwenden.

Spezialität aus Frankreich

Walnuss-Aperitif

FÜR 4 L LIKÖR

- **750 g grüne Walnüsse**
  750 g Zucker
  3 l Rotwein
  1/2 l Wodka

Zubereitung: 30 Min.
Ruhezeit: 60 Tage
- Pro 100 ml ca.: 160 kcal
- Haltbarkeit: 1 Jahr

1 | Die ungeschälten Walnüsse mit einem stabilen Messer vierteln. In einem großen Glasgefäß den Zucker im Rotwein auflösen. Wodka und Nüsse dazugeben und das Glas mit einem Tuch locker abdecken.

2 | Likör 60 Tage bei Zimmertemperatur stehen lassen.

3 | Likör durch ein Sieb in sterilisierte Flaschen füllen und verschließen.

TIPP Die Nüsse für dieses Rezept müssen im Juni geerntet werden, bevor die Nussschalen anfangen zu verholzen.

- Variante:

Grüne Walnüsse in Sirup

80 grüne Walnüsse waschen, oben und unten je 5 mm abschneiden, mit einer Gabel rundum einstechen. In einer Schüssel mit Wasser bedecken und 2 Wochen ziehen lassen. Das Wasser täglich wechseln. Nüsse abgießen und in kochendem Wasser 3 Min. blanchieren. Abtropfen lassen. Schale und Saft von 4 Zitronen dünn abschälen, Saft auspressen. Mit 1,5 l Wasser, 1,5 kg Zucker, 5 Gewürznelken und 10 Pimentkörnern zu Sirup kochen, die Nüsse dazugeben und 20 Min. kochen lassen. In sterilisierte Gläser füllen, sofort verschließen. Zu Salaten, Pasteten, Käse und Desserts.

im Bild vorne: **Walnuss-Aperitif** *im Bild hinten:* **Maroni in Zitronensirup** ➤

Spaß

pikant | exotisch

Mango-Cranberry-Chutney

FÜR 4 GLÄSER à 1/4 L

- 2 Mangos
- 1 rote Zwiebel
- 1 Stück frischer Ingwer (etwa walnussgroß)
- 2 rote Chilischoten
- 250 g Cranberries (ersatzweise Preiselbeeren)
- 250 g brauner Zucker
- 125 ml Weißweinessig
- 1 TL Salz
- 1/2 TL Piment
- 1/4 TL gemahlene Nelken

Zubereitung: 50 Min.
➤ Pro Glas ca.: 360 kcal
➤ Haltbarkeit: 6 Mon.

1 | Mangos schälen, Fruchtfleisch vom Kern schneiden und würfeln. Zwiebel und Ingwer schälen und fein würfeln. Chilischoten aufschlitzen, in Streifen schneiden, dabei Kerne entfernen. Cranberries waschen, verlesen.

2 | Vorbereitete Zutaten mit Zucker, Essig und den Gewürzen mischen, aufkochen und unter Rühren bei mittlerer Hitze in 30 Min. dick einkochen lassen.

3 | Chutney in sterilisierte Twist-off-Gläser füllen und sofort verschließen.

➤ Passt zu: gebratenem Fleisch als Beilage, zu orientalischen oder indischen Gerichten, zum Verfeinern von Saucen.

gelingt leicht
herbstlich

Preiselbeer-Mango-Konfitüre

FÜR 5 GLÄSER à 1/4 L

- 500 g Preiselbeeren
- 2 reife Mangos (à 400 g)
- 1 unbehandelte Orange
- 1 Päckchen Bourbon Vanillezucker
- 500 g Gelierzucker (2:1)

Zubereitung: 40 Min.
➤ Pro Stück ca.: 520 kcal
➤ Haltbarkeit: 6 Monate

1 | Preiselbeeren waschen, verlesen. Mangos schälen, Fruchtfleisch vom Kern schneiden und würfeln. Orangenschale mit dem Zestenreißer abziehen, Saft auspressen.

2 | Alles zusammen mit dem Vanillezucker aufkochen. 5 Min. köcheln lassen, die Beeren leicht zerdrücken.

3 | Den Gelierzucker einrühren, wieder aufkochen und 4 Min. sprudelnd kochen lassen. 3 Min. stehen lassen, dann in sterilisierte Twist-off-Gläser füllen und sofort verschließen.

➤ Variante:

Gewürzpreiselbeeren

500 g Preiselbeeren waschen, abtropfen lassen und verlesen. Mit 1/8 l Kirschsaft, 10 Min. kochen lassen. 250 g Gelierzucker (3:1) und je 1/2 TL gemahlene Nelken, Zimt und Piment untermischen. Aufkochen und unter Rühren 4 Min. sprudelnd kochen lassen. Nach Geschmack mit Cayennepfeffer würzen. In sterilisierte Twist-off-Gläser füllen, sofort verschließen.
Passt gut zu Wild, Lamm oder Käse.

herb-fruchtig

Quitten-Orangen-Konfitüre

FÜR 4 GLÄSER à 1/4 L

- **1 unbehandelte Orange**
  1 Vanilleschote
  1/2 l Orangensaft
  4 Kardamomkapseln
  500 g Quitten
  250 g Gelierzucker (3:1)
  5 g Zitronensäure

Zubereitung: 45 Min.
- Pro Glas ca.: 330 kcal
- Haltbarkeit: 3–4 Monate

1 | Orangenschale von 1/2 Orange dünn abschälen, Orange auspressen. Vanilleschote aufschlitzen. Alles mit 1/4 l Orangensaft und Kardamom in einen Topf füllen.

2 | Quitten mit einem Tuch abreiben, waschen, vierteln, schälen, Kerngehäuse entfernen. Die Viertel würfeln, zum Orangensaft geben, aufkochen und in 10 Min. weich kochen.

3 | Orangenschale, Vanilleschote und Kardamomkapseln herausnehmen. Quitten im Mixer fein pürieren. Das Püree mit dem restlichen Orangensaft und bei Bedarf etwas Wasser auf 1 l auffüllen. Mit dem Gelierzucker und der Zitronensäure mischen. Aufkochen und 4 Min. sprudelnd kochen lassen. In sterilisierte Twist-off-Gläser füllen und sofort verschließen.

- Warenkunde

Quitten

Es gibt rosafleischige Apfelquitten und die hellfleischigen aromatischeren, saftigeren Birnenquitten. Vor dem Verarbeiten muss der Flaum von der Haut gerieben werden. Quitten haben ein relativ hartes Fruchtfleisch und werden vor der Weiterverarbeitung immer gegart. Man kann sie gut mit Äpfeln und Birnen kombinieren, und sie passen ausgezeichnet zu Preiselbeeren und Zitrusfrüchten. Durch ihren hohen Pektingehalt gelieren sie sehr gut.

süßsauer | gelingt leicht

Gewürzquitten

FÜR 2 GLÄSER à 1/2 L

- **1 Stück frischer Ingwer (etwa walnussgroß)**
  250 ml Weißweinessig
  250 g Zucker
  3 Zimtstangen
  10 Nelken | 1 kg Quitten

Zubereitung: 45 Min.
- Pro Glas ca.: 660 kcal
- Haltbarkeit: 6 Monate

1 | Ingwer schälen und fein würfeln. Mit Essig, 1/2 l Wasser, Zucker, Zimt und Nelken in einen Topf füllen.

2 | Die Quitten mit einem Tuch abreiben, waschen, vierteln, schälen, von den Kerngehäusen befreien und in schmale Spalten schneiden. Sofort in den Sud legen, damit sie sich nicht verfärben.

3 | Alles aufkochen und die Quitten in 10 Min. nicht zu weich kochen. In sterilisierte Twist-off-Gläser füllen und verschließen.

- Passt zu: Wild oder kaltem Braten.

im Bild vorne: **Gewürzquitten** *im Bild hinten:* **Quitten-Orangen-Konfitüre** ➤

bittersüß | pikant

Vogelbeer-sauce

FÜR 4 GLÄSER à 1/4 L

- **250 g Vogelbeeren**
  500 g Äpfel
  100 ml Weißwein
  1 rote Chilischote
  je 1 unbehandelte Zitrone und Orange
  250 g Zucker

Zubereitung: 45 Min.
- Pro Glas ca.: 360 kcal
- Haltbarkeit: 6 Mon.

1 | Vogelbeeren waschen und von den Stielen zupfen. Äpfel waschen, vierteln und Kerngehäuse entfernen.

2 | Beeren und Äpfel mit 100 ml Weißwein in 15 Min. sehr weich kochen. Durch ein Passiersieb streichen. Chilischote aufschlitzen, Kerne entfernen, Schote in Streifen schneiden. Zitrone und Orange waschen, mit einem Zestenreißer die Schale abziehen, den Saft auspressen.

3 | Saft und Schale, Chilischote und Zucker mit dem Fruchtmus aufkochen und unter Rühren 5 Min. einkochen lassen. In sterilisierte Twist-off-Gläser füllen. Sofort verschließen.

- Passt zu: Käse oder kaltem Braten.

bittersüß | herbstlich

Vogelbeer-Birnen-Gelee

FÜR 5 GLÄSER à 1/4 L

- **500 g Vogelbeeren**
  1 kg Birnen
  2 Vanilleschoten
  500 g Gelierzucker (2:1)
  1 TL Zitronensäure

Zubereitung: 45 Min.
Abtropfzeit: 12 Std.
- Pro Glas ca.: 520 kcal
- Haltbarkeit: 6 Monate

1 | Vogelbeeren waschen und von den Stielen zupfen. Birnen waschen, vierteln und Kerngehäuse entfernen.

2 | Beeren und Birnen mit 300 ml Wasser in 15 Min. sehr weich kochen. Durch ein mit Gaze ausgelegtes Sieb abgießen und über Nacht abtropfen lassen. Leicht ausdrücken.

3 | 1 l Saft abmessen (evtl. mit etwas Wasser oder Weißwein auffüllen). Vanilleschoten aufschlitzen, Mark herausschaben und mit dem Zucker und Zitronensäure mischen. Saft und Zucker aufkochen und 3 Min. sprudelnd kochen lassen. In sterilisierte Twist-off-Gläser füllen und sofort verschließen.

- Warenkunde
  Vogelbeeren

  Vogelbeeren sind die roten Beeren der Eberesche. Sie werden im Spätherbst geerntet und schmecken herb bis bitter. Werden sie nach dem ersten Frost gepflückt oder vor der Verarbeitung eingefroren, wird der herbe Geschmack, der allerdings in Kombination mit anderen Früchten sehr reizvoll ist, gemildert. Sie lassen sich zu Saft, Konfitüre, Gelee und Saucen verarbeiten und gut mit Äpfeln, Birnen, Quitten und Zitrusfrüchten kombinieren.

im Bild vorne: **Vogelbeer-Birnen-Gelee** *im Bild hinten:* **Vogelbeersauce** ➤

süßsauer
braucht etwas Zeit

Rotwein-Zwetschgen

FÜR 4 GLÄSER à 400 ML

- 1 kg Zwetschgen
- 500 ml Rotwein
- 125 ml Rotweinessig
- 400 g brauner Rohrzucker
- 1 Zimtstange
- 1 Vanilleschote
- 1 getrocknete Chilischote

Zubereitung: 45 Min.
Marinierzeit: 24 Std.
➤ Pro Glas ca.: 590 kcal
➤ Haltbarkeit: 6 Monate

1 | Zwetschgen waschen, rundum einstechen. Die übrigen Zutaten aufkochen, über die Früchte gießen und 24 Std. ziehen lassen.

2 | Die Zwetschgen im Sirup aufkochen und kochen lassen, bis die Haut beginnt zu platzen. Die Früchte herausheben und in sterilisierte Twist-off-Gläser füllen.

3 | Den Sud 10–15 Min. einkochen, dann durch ein Sieb über die Früchte gießen, sie müssen vollständig bedeckt sein. Sofort verschließen. Die Zwetschgen vor der Verwendung 2 Wochen ziehen lassen.

➤ Passt zu: Wild- oder Lammbraten, gekochtem Rindfleisch, Käse, aber auch zu Schokoladendesserts.

fruchtig | mit Biss

Zwetschgen-Walnuss-Konfitüre

FÜR 6 GLÄSER à 1/4 L

- 1 kg Zwetschgen
- 300 ml Orangensaft
- 1 Stange Zimt
- je 1 unbehandelte Orange und Zitrone
- 350 g Zucker
- 1 Päckchen Gelierpulver (3:1)
- 100 g Walnusskerne

Zubereitung: 45 Min.
➤ Pro Glas ca.: 440 kcal
➤ Haltbarkeit: 6 Monate

1 | Zwetschgen waschen, entkernen. Mit Orangensaft und Zimt 15 Min. köcheln lassen.

2 | Die Schale von Orange und Zitrone mit dem Zestenreißer abziehen. Früchte auspressen. Zucker und Gelierpulver mischen.

3 | Walnusskerne grob zerkleinern, mit der Orangen- und Zitronenschale, Saft und Zucker zu den Zwetschgen geben, aufkochen und 3–4 Min. sprudelnd kochen lassen. Vom Herd nehmen und 3 Min. stehen lassen. In sterilisierte Twist-off-Gläser füllen und sofort verschließen.

➤ Variante:

Zwetschgenmus mit Orange

1,5 kg reife Zwetschgen waschen, entkernen und grob zerschneiden. Mit 75 g Rohrzucker, Schale und Saft von 2 unbehandelten Orangen und 2 Stangen Zimt in eine große Auflaufform füllen. 1 bis 1 1/2 Std. bei 180° (Umluft 160°) im Backofen backen, bis das Mus dick wird. Zimtstangen entfernen, das Mus heiß in sterilisierte Twist-off-Gläser füllen und sofort verschließen.

im Bild vorne: Rotwein-Zwetschgen *im Bild hinten:* Zwetschgen-Walnuss-Konfitüre ➤

Gemüse – pikant und süß

Die meisten Gemüse gibt es inzwischen das ganze Jahr. In der Hauptsaison sind sie jedoch besonders aromatisch und günstig. So lohnt es sich doppelt, den Genuss für den Rest des Jahres zu konservieren.

Blitzrezepte

Süßsaure Peperoni

FÜR 2 GLÄSER à 1/2 L

➤ **750 g rote und grüne milde Peperoni | 2 Rosmarinzweige | 2 Knoblauchzehen | 150 ml Essig | 60 g Zucker | Salz | 1 EL schwarze Pfefferkörner | 2 getrocknete Chilischoten**

1 | Peperoni und Rosmarin waschen. Knoblauch schälen. Essig und 350 ml Wasser mit Zucker, 2 TL Salz, Pfefferkörnern, Knoblauch, Rosmarin und Chili aufkochen und 5 Min. köcheln lassen.

2 | Die Peperoni im Sud in 3 Min. bissfest garen. In sterilisierte Twist-off-Gläser füllen. Sud noch einmal aufkochen, in die Gläser füllen, sofort verschließen.

Haltbarkeit: 6 Monate

Knoblauch in Öl

FÜR 3 GLÄSER à 200 ML

➤ **500 g Knoblauch | 1 TL Koriandersamen | 2 getrocknete Chilischoten | 200 ml Olivenöl**

1 | Knoblauchzehen von der Knolle lösen, die ungeschälten Zehen mit einer breiten Messerklinge leicht quetschen, bis die Haut platzt.

2 | Koriander und Chili im Mörser grob zerstoßen, im Öl in einem Topf leicht erhitzen. Knoblauchzehen zum Öl geben und 20 Min. bei sehr niedriger Hitze garen, die Knoblauchzehen dürfen nicht bräunen. In sterilisierte Twist-off-Gläser füllen und sofort verschließen.

Haltbarkeit: 3–4 Monate

scharf
Spezialität aus Ägypten

Gefüllte Auberginen

FÜR 2 GLÄSER à 400 ML

- **500 g kleine Auberginen**
  Salz
  4 Knoblauchzehen
  3 kleine Chilischoten
  2 TL grobes Meersalz
  1/2 TL Bockshornkleesamen
  1 TL Kreuzkümmel
  1/2 TL Anissamen
  3 Kardamomkapseln
  250 ml Olivenöl

Zubereitung: 40 Min.
- Pro Glas ca.: 800 kcal
- Haltbarkeit: 6 Monate

1 | Die Stielansätze der Auberginen entfernen, die Früchte längs 2–3 mal einschneiden.

2 | Auberginen in Salzwasser 15 Min. sanft köcheln lassen. Einen kleinen Topfdeckel benutzen, der die Auberginen unter Wasser hält.

3 | Knoblauch schälen und hacken. Chilischoten aufschlitzen, entkernen und in Streifen schneiden. Mit Meersalz im Mörser zerstoßen.

4 | Auberginen abgießen und abkühlen lassen. Gewürze in einem kleinen Topf rösten, bis sie duften. Das Öl dazugießen und leicht erhitzen.

5 | Die Knoblauchmischung in die Schlitze der Auberginen füllen. Auberginen in sterilisierte Gläser schichten, mit dem Öl und den Gewürzen bedecken. Gläser verschließen und 1–2 Wochen ziehen lassen.

- Passt zu: Currys oder orientalischen Vorspeisen.

gelingt leicht | Antipasti

Balsamico-Zucchini

FÜR 3 GLÄSER à 1/2 L

- **1 kg Zucchini**
  3 Knoblauchzehen
  6 Stängel Thymian
  100 ml weißer Aceto balsamico
  400 ml Olivenöl
  schwarzer Pfeffer
  grobes Meersalz

Zubereitung: 20 Min.
Backzeit: 20 Min.
- Pro Glas ca.: 870 kcal
- Haltbarkeit: 2–3 Monate

1 | Backofen auf 200° vorheizen. Zucchini waschen, putzen und längs vierteln. Knoblauch schälen und in Stifte schneiden, Thymian waschen.

2 | Zucchini auf einem Backblech verteilen, mit je 100 ml Aceto balsamico und Olivenöl beträufeln, salzen und pfeffern. Im Backofen (Mitte, Umluft nicht geeignet) 10 Min. backen, dann auf 250° erhöhen und den Grill zuschalten. Weiter backen, bis die Zucchini leicht braun werden.

3 | In sterilisierte Twist-off-Gläser füllen. Den Sud vom Blech mit dem restlichen Olivenöl, Thymian und Knoblauch mischen und in die Gläser gießen, die Zucchini müssen bedeckt sein, evtl. etwas Olivenöl dazugießen. Verschließen und einige Tage durchziehen lassen.

- Passt zu: Vorspeisenbüfetts und zu Gegrilltem.

im Bild vorne: **Gefüllte Auberginen** *im Bild hinten:* **Balsamico-Zucchini** ➤

mediterran | fürs Büfett

Sommergemüse

FÜR 3 GLÄSER à 1/2 L

- 2 Paprikaschoten
  500 g Tomaten
  200 g Champignons
  1 rote Chilischote
  2 Zucchini
  250 g Frühlingszwiebeln
  3 Rosmarinzweige
  10 Basilikumbläter
  3 Knoblauchzehen
  75 + 150 ml Olivenöl
  2 EL Weißeinessig
  2 EL grobes Meersalz
  1 TL Zucker

Zubereitung: 40 Min.
Garzeit: 30 Min.
- Pro Glas ca.: 540 kcal
- Haltbarkeit: 3 Monate

1 | Gemüse waschen und putzen. Paprika in Stücke schneiden, Tomaten und Pilze vierteln. Chili aufschlitzen, Kerne entfernen, in Streifen schneiden. Zucchini in Stifte schneiden. Zwiebeln schräg in Stücke schneiden.

2 | Backofen auf 200° vorheizen. Rosmarin und Basilikum waschen. Knoblauchzehen schälen und in Stifte schneiden. Mit Gemüse und Kräutern auf ein Backblech füllen. 75 ml Olivenöl und Essig verrühren, mit dem Gemüse, Salz und Zucker mischen. Im Backofen (Mitte, Umluft 180°) 30 Min. backen.

3 | Gemüse in sterilisierte Twist-off-Gläser füllen, mit Olivenöl auffüllen und verschließen.

- Passt zu: Gegrilltem oder gebratenem Fleisch.

pikante Beilage
Klassiker

Senfgemüse

FÜR 4 GLÄSER à 1/2 L

- 1,5 kg Gemüse (Möhrenstifte, Blumenkohlröschen, Stangensellerie, rote Paprika, Zucchiniwürfel, Kirschtomaten, Schalotten)
  Salz
  4 EL Senfkörner
  1/2 l Weißweinessig
  5 cm Meerrettichwurzel
  150 g Dijonsenf
  2 TL gemahlener Kurkuma
  200 g Zucker
  1 EL Speisestärke

Zubereitung: 50 Min.
Ruhezeit: 12 Std.
- Pro Glas ca.: 330 kcal
- Haltbarkeit: 3 Monate

1 | Gemüse putzen, in mundgerechte Stücke schneiden, mit Wasser bedecken und mit 4 EL Salz mischen. 12 Std. kühl stellen.

2 | Senfkörner 10 Min. in 1/4 l Essig einweichen, dann aufkochen. Das Gemüse abgießen, abspülen und abtropfen lassen. Portionsweise in Salzwasser bissfest blanchieren. Das Wasser aufbewahren. Meerrettich schälen und in dünne Scheiben hobeln.

3 | In einem großen Topf Senf, Kurkuma, Zucker, 3 TL Salz mit 200 ml Gemüsewasser und den Senfkörnern verrühren. Aufkochen und mit dem restlichen Essig, Salz und Zucker abschmecken. Angerührte Speisestärke, Gemüse und Meerrettich dazugeben und aufkochen. In sterilisierte Twist-off-Gläser füllen und sofort verschließen.

- Passt zu: Roastbeef, kaltem Braten oder Käse.

im Bild vorne: **Senfgemüse** *im Bild hinten:* **Sommergemüse**

gelingt leicht | schnell

Dillgurken

FÜR 3 GLÄSER à 1/2 L

- **500 g schlanke kleine Gartengurken**
- **1 1/2 EL Salz**
- **75 ml weißer Aceto Balsamico**
- **25 ml Weißweinessig**
- **250 g Zucker**
- **1/2 EL schwarze Pfefferkörner**
- **1 EL Senfkörner**
- **1 Bund Dill**

Zubereitung: 30 Min.
- Pro Glas ca.: 360 kcal
- Haltbarkeit: 6 Monate

1 | Gurken schälen, längs halbieren und die Kerne herausschaben. Die Hälften in 2 cm dicke Scheiben schneiden.

2 | 1 l Wasser mit Salz, Aceto balsamico, Weißweinessig, Zucker, Pfeffer- und Senfkörnern aufkochen. Gurken dazugeben, wieder aufkochen und 5 Min. köcheln lassen. Dill fein schneiden und dazugeben.

3 | Gurken mit dem Sud in sterilisierte Twist-off-Gläser füllen, verschließen und vor der Verwendung 2–3 Tage durchziehen lassen.

- Variante:

Gewürzgurken

2 kg Gurken unter fließendem Wasser gründlich bürsten. Mit einer Gabel rundum anstechen. In einer Schüssel mit 5 EL Salz bestreuen und mit Wasser bedeckt 2 Std. ruhen lassen. 200 g kleine Zwiebeln schälen und je nach Größe halbieren.
Ein 5 cm langes Stück Meerrettich und 1 Knoblauchzehe schälen und in Scheiben schneiden. Je 1 Stängel Rosmarin und Thymian waschen und trockentupfen.
Gurken aus dem Salzwasser nehmen, abspülen und abtropfen lassen, mit Zwiebeln, Meerrettich, Knoblauch, den Kräutern, 5 Dilldolden und 1/2 TL Pfefferkörnern in sterilisierte Einmachgläser füllen.
1/2 l Essig mit 3/4 l Wasser, 40 g Salz und 80 g Zucker aufkochen und über die Gurken gießen. Sie müssen ganz bedeckt sein. Gläser verschließen und die Gurken 4 Wochen durchziehen lassen.

fruchtig-pikant

Gurken-Ananas-Relish

FÜR 3 GLÄSER à 200 ML

- **400 g Gurke**
- **200 g Zwiebeln**
- **400 g Ananas**
- **2 TL grüner Pfeffer (gefriergetrocknet)**
- **3 TL Salz | 100 g Honig**
- **100 ml Weißweinessig**
- **1 TL gemahlener Koriander**
- **2 TL Senfpulver**
- **1 TL Kurkuma**
- **50 ml Olivenöl**

Zubereitung: 40 Min.
- Pro Glas ca.: 280 kcal
- Haltbarkeit: 6 Monate

1 | Gurken schälen, halbieren, Kerne herausschaben und grob raspeln. Zwiebeln schälen, fein hacken. Ananas schälen, ohne Strunk in kleine Würfel schneiden. Pfeffer zerstoßen.

2 | Alles mit Salz, Honig, Essig und Gewürzen aufkochen, 10 Min. köcheln lassen. Olivenöl unterrühren. In sterilisierte Twist-off-Gläser füllen, verschließen.

im Bild vorne: **Gurken-Ananas-Relish** *im Bild hinten:* **Dillgurken**

fruchtig-scharf
aromatisch

Kürbisketchup

FÜR 4 GLÄSER à 1/4 L

- **800 g Hokkaidokürbis (geputzt 600 g)**
- **500 g Tomaten**
- **300 g Zwiebeln**
- **3 Knoblauchzehen**
- **1 Stück frischer Ingwer (etwa walnussgroß)**
- **2 TL Curry**
- **1 TL Chilipulver**
- **100 g Rohrzucker**
- **2 TL Salz**
- **100 ml Weißweinessig**

Zubereitung: 30 Min.
Garzeit: 45 Min.
- Pro Glas ca.: 170 kcal
- Haltbarkeit: 3 Monate

1 | Den Kürbis schälen, Kerne entfernen, Fruchtfleisch würfeln. Tomaten waschen und vierteln, Stielansatz entfernen. Zwiebeln, Knoblauch und Ingwer schälen und hacken.

2 | Vorbereitete Zutaten mit den Gewürzen, Essig und 100 ml Wasser zugedeckt 45 Min. kochen lassen.

3 | Die Masse im Mixer pürieren und wieder in den Topf füllen. Mit Chili, Salz und Zucker pikant abschmecken. Das Kürbisketchup noch einmal aufkochen und in sterilisierte Twist-off-Gläser füllen. Gläser sofort verschließen.

- Passt zu: Gegrilltem, zu kaltem Schweinebraten, zu Roastbeef und Lammbraten.

TIPP Der Ketchup ist eine feine Abwechslung zu Tomatenketchup und schmeckt auch Kindern sehr gut. Dann weniger oder kein Chilipulver verwenden.

fruchtig | herbstlich

Kürbis-Pflaumen-Konfitüre

FÜR 5 GLÄSER à 400 ML

- **500 g rote Pflaumen**
- **300 g Hokkaidokürbis (geputzt gewogen)**
- **1/2 l Orangensaft**
- **1 Vanilleschote**
- **2 TL gemahlener Ingwer**
- **500 g Gelierzucker (2:1)**

Zubereitung: 45 Min.
- Pro Glas ca.: 490 kcal
- Haltbarkeit: 6 Monate

1 | Die Pflaumen waschen und in Spalten vom Kern schneiden. Den Kürbis schälen, Kerne entfernen und das Fruchtfleisch grob raspeln. Vanilleschote aufschlitzen und das Mark herausschaben.

2 | Vorbereitete Zutaten mit der Vanilleschote und dem Orangensaft 15 Min. köcheln lassen. Ingwer und Gelierzucker einrühren und 4 Min. sprudelnd kochen lassen. 3 Min. stehen lassen. In sterilisierte Twist-off-Gläser füllen und sofort verschließen.

- Variante:

Kürbis-Orangen-Konfitüre
Statt der Pflaumen können Sie Fruchtfilets von 2 Orangen verwenden. Ingwer dann durch gemahlene Nelken oder Koriander ersetzen.

◀ *im Bild vorne:* **Kürbis-Pflaumen-Konfitüre** *im Bild hinten:* **Kürbisketchup**

orientalisch | fürs Büfett

Pikante Möhren

FÜR 2 GLÄSER à 1/2 L

- 1 kg Möhren
- 2 EL Salz
- 5 getrocknete Chilischoten
- 3 EL Zucker
- 100 ml Weißweinessig
- 2 EL Senfkörner
- 1 TL Kreuzkümmel
- 2 TL gemahlener Kurkuma
- 600 ml Öl

Zubereitung: 30 Min.

- Pro Stück ca.: 1670 kcal
- Haltbarkeit: 3 Monate

1 | Die Möhren schälen und vierteln. 1 l Wasser mit Salz, Chilischoten, Zucker und Essig aufkochen. Die Möhren darin 3–5 Min. blanchieren. Abgießen, abtropfen lassen.

2 | Senfkörner und Kreuzkümmel im Mörser zerstoßen. Öl erwärmen, die Gewürze einrühren. Möhren in sterilisierte Twist-off-Gläser füllen. Das Öl dazugießen und verschließen.

- Passt zu: Fleisch, Pasteten oder Käse.

fruchtig | raffiniert

Möhren-Zitrus-Konfitüre

FÜR 5 GLÄSER à 1/4 L

- 250 g Möhren
- 1 unbehandelte Zitrone
- 1 Grapefruit
- 500 ml Orangensaft
- 1 Päckchen Geliermittel für 1 kg Frucht
- 350 g Zucker
- 50 ml trockener Wermut (z. B. Noilly Prat)

Zubereitung: 30 Min.

- Pro Glas ca.: 350 kcal
- Haltbarkeit: 6 Monate

1 | Möhren schälen und grob raspeln. Zitronenschale mit dem Zestenreißer abziehen, Zitrone und Grapefruit auspressen. Mit Orangensaft auf 750 ml auffüllen. Geliermittel und Zucker mischen.

2 | Saft, Möhren und Zucker verrühren, aufkochen und 4 Min. sprudelnd kochen lassen. Wermut dazugeben, 3 Min. ruhen lassen, dann in sterilisierte Twist-off-Gläser füllen und sofort verschließen.

scharf | orientalisch

Möhren-Mandel-Dip

FÜR 3 GLÄSER à 200 ML

- 500 g Möhren
- 1 säuerlicher Apfel (etwa 250 g)
- 50 g frischer Ingwer
- 1 TL Fenchelsamen
- 125 ml Weißweinessig
- 200 g Honig
- 1 TL gemahlener Koriander
- 1 EL Salz | 1 EL Tabasco
- 50 g gemahlene Mandeln

Zubereitungszeit: 50 Min.

- Pro Glas ca.: 400 kcal
- Haltbarkeit: 1 Jahr

1 | Möhren schälen, in Scheiben hobeln. Apfel schälen, ohne Kerngehäuse würfeln. Ingwer schälen und fein hacken. Mit 100 ml Wasser und allen Zutaten außer Tabasco und Mandeln aufkochen.

2 | Möhren 15 Min. köcheln lassen, im Mixer pürieren. Wieder im Topf erhitzen, Mandeln und Tabasco unterrühren. In sterilisierte Twist-off-Gläser füllen und verschließen.

im Bild rechts: Möhren-Zitrus-Konfitüre *im Bild Mitte:* Pikante Möhren *im Bild links:* Möhren-Mandel-Dip ➤

scharf | asiatisch

Scharfe Paprikasauce

FÜR 3 GLÄSER à 1/4 L

- **500 g rote Paprikaschoten**
  150 g Chilischoten
  2 Zwiebeln
  4 Knoblauchzehen
  150 ml Olivenöl
  3 Anchovisfilets
  4 Limetten
  2 TL Tamarindenextrakt (aus dem Asienladen)
  3 EL Rohrzucker
  50 ml Fischsauce (aus dem Asienladen)

Zubereitung: 40 Min.
- Pro Glas ca.: 500 kcal
- Haltbarkeit: 6 Monate

1 | Paprika und Chilischoten waschen, putzen, dabei Kerne und Trennwände entfernen. Schoten grob zerschneiden. Zwiebeln und Knoblauch schälen und in Stücke schneiden. Mit dem Öl im Mixer fein pürieren. Anchovisfilets abspülen, trockentupfen und fein hacken.

2 | Limetten auspressen, 75 ml Saft abmessen. Das Püree in einem Topf mit Tamarindenextrakt, Zucker, Fischsauce, Limettensaft und Anchovis mischen. Unter Rühren aufkochen und 15 Min. köcheln lassen. In sterilisierte Twist-off-Gläser füllen und sofort verschließen.

- Passt zu: Gegrilltem, zu kaltem Braten, zum Verfeinern von Saucen.

aromatisch | fürs Büfett

Paprika in Würzöl

FÜR 2 GLÄSER à 400 ML

- **1 kg rote Paprikaschoten**
  300 ml Olivenöl
  5 Anchovisfilets
  250 ml Weißweinessig
  2 EL kleine Kapern

Zubereitung: 1 Std.
- Pro Glas ca.: 1030 kcal
- Haltbarkeit: kühl aufbewahrt 1–2 Monate

1 | Den Grill im Backofen auf höchster Stufe vorheizen. Paprikaschoten waschen, vierteln und putzen. Die Viertel auf ein Backblech legen. Im Backofen unter dem Grill rösten, bis die Haut schwarz wird und Blasen wirft. Mit einem feuchten Tuch abdecken und etwas abkühlen lassen. Die Haut abziehen.

2 | Inzwischen Olivenöl erwärmen, Anchovis abspülen, trockentupfen, hacken und im Öl unter Rühren köcheln lassen, bis sie zerfallen.

3 | Essig mit 250 ml Wasser aufkochen, Paprika dazugeben, wieder aufkochen lassen und 1 Min. darin blanchieren. Herausnehmen und auf Küchenpapier abtropfen lassen. (Den Essig für Salatsaucen verwenden, im Kühlschrank aufbewahren.)

4 | Paprika abwechselnd mit Kapern in sterilisierte Twist-off-Gläser füllen, dabei immer etwas Öl dazugießen. Zum Schluss mit Öl aufgießen. Darauf achten, dass keine Luftbläschen entstehen. Gläser verschließen und mindestens 1 Woche ziehen lassen. Die Paprikaschoten schmecken als Vorspeise, auf Sandwiches und als Beilage zu Gegrilltem.

im Bild vorne: **Paprika in Würzöl** *im Bild hinten:* **Scharfe Paprikasauce**

gelingt leicht
fürs Büfett

Zitronenpilze

FÜR 2 GLÄSER à 1/2 L

- 1 kg Austernpilze
  4 Knoblauchzehen
  3 unbehandelte Zitronen
  100 ml Weißweinessig
  50 ml Olivenöl
  4 Lorbeerblätter
  1 EL Meersalz
  1 EL Zucker
  2 TL Fenchelsamen

Zubereitung: 40 Min.
- Pro Portion ca.: 390 kcal
- Haltbarkeit: 6 Monate

1 | Austernpilze putzen, in Streifen teilen. Knoblauch schälen und in Stifte schneiden. Zitronen waschen, trockenreiben, Schale von 2 Zitronen mit dem Sparschäler in langen Streifen dünn abschälen. Zitronen auspressen.

2 | Essig und Öl mit 400 ml Wasser, Saft und Schale der Zitronen und allen Gewürzen aufkochen und 3 Min. köcheln lassen. Die Pilze dazugeben und 10 Min. garen. Zitronenschale entfernen. In sterilisierte Twist-off-Gläser füllen und verschließen.

- Variante:
  Portwein-Champignons mit getrockneten Tomaten
  Einen Sud aus 300 ml Aceto Balsamico, 300 ml Portwein, 50 ml Olivenöl, 1 TL schwarzen Pfefferkörnern, 5 geschälten Knoblauchzehen, 4 Zweigen Thymian und 3 TL Salz 5 Min. köcheln lassen. 500 g kleine Champignons putzen, evtl. halbieren und zusammen mit 50 g getrockneten Tomaten (nicht in Öl eingelegte) 5 Min. im Sud garen. In sterilisierte Twist-off-Gläser füllen und sofort verschließen.

edel | für Gäste

Pfifferlinge in Olivenöl

FÜR 4 GLÄSER à 1/4 L

500 g Pfifferlinge
5 Knoblauchzehen
4 Rosmarinzweige
600 ml Weißweinessig
1 TL Pfefferkörner
3 TL Salz
Olivenöl zum Auffüllen (etwa 400 ml)

Zubereitung: 35 Min.
- Pro Glas ca.: 650 kcal
- Haltbarkeit: 3–4 Monate

1 | Pfifferlinge putzen, große in Stücke schneiden. Knoblauch schälen und in Stifte schneiden. Rosmarin waschen.

2 | Essig mit 150 ml Wasser, allen Gewürzen und Salz aufkochen und 3 Min. köcheln lassen. Pilze 3 Min. im Sud garen.

3 | Die Pfifferlinge herausheben und mit dem Knoblauch in sterilisierte Twist-off-Gläser füllen. Mit Öl auffüllen und sofort verschließen.

- Variante:
  Eingelegte Steinpilze
  Möglichst kleine Steinpilze putzen, halbieren oder vierteln und wie die Pfifferlinge weiterverarbeiten. Statt Rosmarin 3 frische Lorbeerblätter verwenden.

TIPP Das Pilzöl für Salatsaucen für mediterrane Blatt- und Gemüsesalate verwenden.

im Bild vorne: **Pfifferlinge in Olivenöl** *im Bild hinten:* **Zitronenpilze**

süß-pikant
für Gourmets

Rhabarber-Chutney

FÜR 3 GLÄSER à 200 ML

➤ **100 g getrocknete Aprikosen**
500 g Rhabarber
1 Orange
1 rote Chilischote
1 TL getrocknete, gemahlene Orangenschale
1 TL Senfpulver
300 ml Weinessig
250 g Rohrzucker
1 Stange Zimt
5 Pimentkörner

◷ Zubereitungszeit: 1 Std.
◷ Quellzeit: 12 Std.
➤ Pro Glas ca.: 440 kcal
➤ Haltbarkeit: 6 Monate

1 | Die Aprikosen mit 1/2 l kochendem Wasser übergießen und über Nacht quellen lassen.

2 | Aprikosen fein schneiden. Rhabarber waschen, putzen, in kleine Stücke schneiden. Orange auspressen. Chilischote aufschlitzen, Kerne und Trennwände entfernen und die Schote in feine Ringe schneiden.

3 | Alles in einen weiten Topf füllen, Orangenschale, Senfpulver, Essig, Zucker, Zimt und Pimentkörner dazugeben und aufkochen lassen. Unter häufigem Rühren bei kleiner Hitze 45 Min. kochen lassen, bis das Chutney dickflüssig ist. Aufpassen, es brennt zum Schluss leicht an. In sterilisierte Twist-off-Gläser füllen und verschließen.

➤ Passt zu: Gegrilltem Fleisch und besonders gut zu Hartkäse.

Klassiker | feinsäuerlich

Rhabarber-Erdbeer-Konfitüre

FÜR 6 GLÄSER à 1/4 L

500 g Rhabarber
500 g Erdbeeren
1 Vanilleschote
1 unbehandelte Zitrone
500 g Gelierzucker (2:1)

◷ Zubereitung: 30 Min.
➤ Pro Glas ca.: 370 kcal
➤ Haltbarkeit: 6 Monate

1 | Rhabarber waschen, Enden abschneiden, dabei die langen Fasern vom Stiel abziehen, Stangen in Stücke schneiden. Erdbeeren waschen, Stielansätze entfernen, Früchte halbieren. Vanilleschote aufschlitzen, Mark herausschaben. Zitronenschale sehr dünn abschälen, Saft auspressen.

2 | Alles in einem Topf mit Gelierzucker mischen. Aufkochen und 4 Min. sprudelnd kochen lassen. Vanilleschote und Zitronenschale entfernen. Die Konfitüre 3 Min. stehen lassen, in sterilisierte Twist-off-Gläser füllen und verschließen.

➤ Variante:
Rhabarber-Riesling-Gelee
Früchte wie oben ohne Zucker und Zitronensaft kochen, in ein mit einem Tuch ausgelegtes Sieb schütten und einige Stunden abtropfen lassen. Den Saft mit trockenem Riesling auf 1 l auffüllen. Mit Zitronensaft und 500 g Gelierzucker (2:1) mischen und 4 Min. sprudelnd kochen lassen. In Gläser füllen wie oben beschrieben.

im Bild vorne: **Rhabarber-Chutney** *im Bild hinten:* **Rhabarber-Erdbeer-Konfitüre** ➤

pikant | Klassiker

Rote-Bete-Pickles

FÜR 3 GLÄSER à 1/2 L

- 750 g Rote Bete
  1/2 l Apfelessig
  1 TL Pimentkörner
  1 TL schwarze Pfefferkörner
  2 TL Wacholderbeeren
  2 TL Salz | 2 EL Zucker
  50 g frische Meerrettichwurzel
  75 g Rosinen

Zubereitung: 30 Min.
Garzeit: 40 Min.
- Pro Glas ca.: 200 kcal
- Haltbarkeit: 3 Monate

1 | Rote Bete mit der Schale in 30–40 Min. nicht zu weich kochen. Essig mit 1/4 l Wasser, Piment, Pfeffer, Wacholderbeeren, Salz und Zucker aufkochen. Meerrettich schälen und in dünne Scheiben hobeln.

2 | Rote Bete abgießen, schälen und in fingerdicke Scheiben schneiden. Mit Meerrettich und Rosinen mischen und in sterilisierte Twist-off-Gläser füllen. Den Essigsud noch einmal aufkochen und durch ein Sieb dazugießen. Gläser sofort verschließen.

- Passt zu: kaltem Braten und Geräuchertem.

pikant | gelingt leicht

Rote-Bete-Kompott

FÜR 3 GLÄSER à 1/4 L

- 250 g Rote Bete
  Salz
  1 säuerlicher Apfel (etwa 200 g)
  3 Knoblauchzehen
  50 g Rosinen
  200 ml Rotweinessig
  100 ml Apfelsaft
  100 g brauner Zucker
  1 TL Cayennepfeffer

Zubereitung: 30 Min.
Garzeit: 40 Min.
- Pro Glas ca.: 260 kcal
- Haltbarkeit: 6 Monate

1 | Rote Bete in Salzwasser in 30–40 Min. weich kochen. Inzwischen den Apfel waschen, schälen, vierteln, Kerngehäuse entfernen. Die Apfelviertel würfeln. Knoblauchzehen schälen und in Stifte schneiden. Mit den übrigen Zutaten mischen.

2 | Die Rote Bete abgießen, abschrecken, schälen und grob raspeln. Mit den anderen Zutaten aufkochen, unter Rühren in 15 Min. dick einkochen lassen. In sterilisierte Twist-off-Gläser füllen und sofort verschließen. Das Kompott passt zu Fleisch, Gegrilltem, dunklen Braten oder Käse.

- Variante:

Rote-Bete-Kompott mit Minze

250 g Rote Bete garen und raspeln. 1 Zwiebel fein hacken, in wenig Öl glasig dünsten, Rote Bete dazugeben. Schale von 1 unbehandelten Orange mit den Zestenreißer abziehen, Saft auspressen. Beides dazugeben, salzen und pfeffern. Unter Rühren dick einkochen. Zum Schluss feingehackte Blätter von 2–3 Minzezweigen unterrühren, noch einmal aufkochen. In Gläser füllen und sofort verschließen.

im Bild vorne: **Rote-Bete-Kompott** *im Bild hinten:* **Rote-Bete-Pickles**

braucht etwas Zeit
aromatisch

Getrocknete Tomaten

FÜR 2 GLÄSER à 1/4 L

- 1 kg Eiertomaten
  grobes Meersalz
  Pfeffer, frisch gemahlen
  1 TL Zucker
  2 TL getrockneter Oregano
  200 ml Olivenöl

Zubereitungszeit: 15 Min.
Backzeit: 2–3 Std.
- Pro Glas ca.: 650 kcal
- Haltbarkeit: 2–3 Monate

1 | Tomaten waschen, vierteln, Kerne entfernen. 2 Backbleche mit Folie auslegen. Die Tomaten darauf verteilen. Mit Salz, Pfeffer, Zucker und Oregano würzen.

2 | Tomaten im Backofen bei 100° (Umluft) 2–3 Std. trocknen lassen. Die Ofentür einen Spalt offen lassen. Herausnehmen und abkühlen lassen. In sterilisierte Twist-off-Gläser schichten, mit Öl bedecken und verschließen. Die Tomaten schmecken abgetropft als Vorspeise auf geröstetem Weißbrot oder zusammen mit Frischkäse oder Ricotta.

Klassiker | gelingt leicht

Tomatensauce

FÜR 2 GLÄSER à 1/2 L

- 1 kg Tomaten
  2 Zwiebeln
  4 Knoblauchzehen
  1 Bund Basilikum
  50 ml Olivenöl
  Salz
  schwarzer Pfeffer, frisch gemahlen
  2 EL Aceto Balsamico

Zubereitung: 50 Min.
- Pro Glas ca.: 200 kcal
- Haltbarkeit: 2–3 Monate

1 | Tomaten mit kochendem Wasser überbrühen, 2 Min. stehen lassen, häuten und vierteln, dabei die Stielansätze entfernen. Zwiebeln und Knoblauchzehen schälen und fein hacken. Basilikum waschen, Blättchen abzupfen.

2 | Olivenöl in einem großen Topf erhitzen, Zwiebeln und Knoblauch darin glasig andünsten. Tomaten dazugeben und 20 Min. köcheln lassen, bis die Sauce dickflüssig ist.

3 | Basilikum dazugeben und 5 Min. mitgaren. Mit Salz, Pfeffer und Aceto Balsamico abschmecken. In sterilisierte Twist-off-Gläser füllen und verschließen.

- Passt zu: Nudeln als schnelle Nudelsauce, aber auch zu kurzgebratenem und gegrilltem Fleisch und Fisch.
- Varianten:

Alla Pizzaiola

Statt Basilikum Oregano verwenden und zusätzlich 1 gehackte Chilischote und 100 g entkernte schwarze Oliven mitgaren.

Mit Kapern und Sardellen

Statt Basilikum 1 EL Thymianblättchen, 2 EL kleine Kapern und 1 EL gehackte Sardellenfilets untermischen. Statt mit Essig mit Zitronensaft abschmecken.

im Bild vorne: **Getrocknete Tomaten** *im Bild hinten:* **Tomatensauce**

würzig | fürs Büfett

Portwein-Schalotten

FÜR 2 GLÄSER à 1/2 L

- **750 g Schalotten (ersatzweise kleine Zwiebeln)**
  50 ml Olivenöl
  75 g Zucker | 100 ml Essig
  200 ml Rotwein
  200 ml Portwein
  3 Lorbeerblätter
  4 getrocknete Chilischoten
  2 TL Salz

Zubereitung: 20 Min.
Backzeit: 25 Min.
- Pro Stück ca.: 640 kcal
- Haltbarkeit: 6 Monate

1 | Schalotten schälen. Olivenöl erhitzen, Schalotten darin anbraten. Den Zucker dazugeben und unter Rühren weiterbraten, bis er karamellisiert.

2 | Schalotten mit Essig, Rotwein und Portwein aufgießen. Lorbeer und Chilischoten dazugeben, 10 Min. köcheln lassen. Die Schalotten dürfen nicht zu weich werden. In sterilisierte Twist-off-Gläser füllen und verschließen.

- Variante:
  Eingelegte Zwiebeln
  750 g kleine Zwiebeln schälen. 1/2 l Weißweinessig mit 250 g Zucker, 200 ml Wasser, 2 TL Salz, 2 TL Senfsamen und 1 EL Koriandersamen aufkochen. Die Zwiebeln in der Marinade 3 Min. blanchieren, in sterilisierte Twist-off-Gläser füllen. Die Marinade noch einmal aufkochen, 50 ml Olivenöl darunter schlagen und in die Gläser verteilen. Sofort verschließen. Die Zwiebeln mindestens 2 Wochen ziehen lassen. Sie passen gut zu kaltem Braten, Hartkäse oder Blauschimmelkäse.

gelingt leicht | scharf

Zwiebel-Senf-Sauce

FÜR 3 GLÄSER à 200 ML

- **500 g Zwiebeln**
  1 unbehandelte Orange
  200 ml Weißweinessig
  100 g Honig | 2 TL Salz
  5 EL Senfpulver

Zubereitung: 30 Min.
- Pro Glas ca.: 170 kcal
- Haltbarkeit: 6 Monate

1 | Die Zwiebeln schälen und grob würfeln. Orangenschale mit einem Zestenreißer abziehen, Saft auspressen.

2 | Essig, Honig und Orangenschale in einem Topf erhitzen, die Zwiebeln darin in 5–10 Min. weich kochen. Die Masse im Mixer pürieren.

3 | Zwiebeln wieder in den Topf füllen und aufkochen, Salz und Senfpulver unterrühren. Wenn das Senfpulver aufquillt, nach und nach den Orangensaft unterrühren. Die Sauce soll dickflüssig bleiben. In sterlisierte Twist-off-Gläser füllen und verschließen

- Passt zu: Kaltem Braten, zu Fisch oder Käse.

im Bild vorne: **Zwiebel-Senf-Sauce** *im Bild hinten:* **Portwein-Schalotten** ➤

Die Autorin

Birgit Rademacker, langjährige Leiterin der Redaktion Kochen des GRÄFE UND UNZER VERLAGES und leidenschaftliche Köchin, hat bereits den Titel »Landküche« bei GU veröffentlicht. Für ihr jüngstes Buch hat die Expertin für alles rund ums Einmachen ihr privates Rezeptbuch geöffnet und verrät ihre besten Rezepte, Tipps und Kniffe.

Der Fotograf

Michael Brauner arbeitete nach Abschluss der Fotoschule in Berlin als Fotoasisstent bei namhaften Fotografen in Frankreich und Deutschland, bevor er sich 1984 selbstständig machte. Sein individueller, atmosphärereicher Stil wird überall geschätzt: in der Werbung ebenso wie bei vielen bekannten Verlagen. In seinem Studio in Karlsruhe setzt er die Rezepte zahlreicher GU-Titel stimmungsvoll ins Bild.

Bildnachweis

Titelbild: Jörn Rynio, Hamburg; alle anderen: Michael Brauner

Danke!
Ein besonderes Dankeschön für die freundliche Unterstützung an die Firma Leifheit, die »Einmachhelfer« und Einmachgläser für die Fotoproduktion zur Verfügung stellte.

Gedruckt auf Primasilk 130 g/qm holzfrei matt gestrichen Bilderdruck, made by StoraEnso, geliefert von der Papier Union

Programmleitung:
Doris Birk
Leitende Redakteurin:
Birgit Rademacker
Redaktion:
Susanne Klug,
Stefanie Poziombka
Lektorat: Bettina Bartz
Layout, Typografie und Umschlaggestaltung:
Independent Medien Design, München
Satz:
Verlagssatz Lingner
Herstellung:
Gloria Pall
Reproduktion:
Repro Ludwig, Zell am See
Druck und Bindung:
Kaufmann, Lahr

ISBN 3-7742-6596-8

Auflage	5.	4.	3.	2.	1.
Jahr	2008	07	06	05	04

GRÄFE UND UNZER

Ein Unternehmen der
GANSKE VERLAGSGRUPPE

DAS ORIGINAL · GU · MIT GARANTIE

Das Original mit Garantie

Ihre Meinung ist uns wichtig. Deshalb möchten wir Ihre Kritik, gerne aber auch Ihr Lob erfahren. Um als führender Ratgeberverlag für Sie noch besser zu werden. Darum: Schreiben Sie uns! Wir freuen uns auf Ihre Post und wünschen Ihnen viel Spaß mit Ihrem GU-Ratgeber.

Unsere Garantie: Sollte ein GU-Ratgeber einmal einen Fehler enthalten, schicken Sie uns das Buch mit einem kleinen Hinweis und der Quittung innerhalb von sechs Monaten nach dem Kauf zurück. Wir tauschen Ihnen den GU-Ratgeber gegen einen anderen zum gleichen oder ähnlichen Thema um.

GRÄFE UND UNZER VERLAG
Redaktion
Kochen & Verwöhnen
Postfach 86 03 25
81630 München
Fax: 089/41981-113
e-mail: leserservice@graefe-und-unzer.de

GU KÜCHENRATGEBER

Neue Rezepte für den großen Kochspaß

ISBN 3-7742-6063-X

ISBN 3-7742-4882-6

ISBN 3-7742-5455-9

ISBN 3-7742-5452-4

ISBN 3-7742-5459-1

ISBN 3-7742-6538-0

64 Seiten, 7,50 € [D]

Das macht die GU Küchenratgeber zu etwas Besonderem:

- *Rezepte mit maximal 10 Hauptzutaten*
- *Blitzrezepte in jedem Kapitel*
- *alle Rezepte getestet*
- *Geling-Garantie durch die 10 GU-Erfolgstipps*

GU

Gutgemacht. Gutgelaunt.

OBST UND GEMÜSE

- Frisches, vollreifes Obst und Gemüse der Saison verwenden.
- Überreife, angefaulte oder welke Zutaten sind nicht geeignet.

1

Geling-Garantie fürs Einkochen

GLÄSER VORBEREITEN

- Gläser auf Sprünge oder abgesplitterte Ränder überprüfen.
- Gläser gründlich waschen, dann 5–10 Min. bei 100° im Backofen oder 2 Min. in der Mikrowelle auf der höchsten Stufe sterilisieren.
- Deckel von Twist-off-Gläsern mit Dellen schließen nicht mehr dicht. Man kann sie aber einzeln nachkaufen.

4

SCHAUMENTWICKLUNG BEIM EINKOCHEN

- Schaum unbedingt abschöpfen, weil die Bläschen ein guter Nährboden für Bakterien sind und dadurch die Haltbarkeit verringert wird.
- Die Zugabe von etwas Fett verhindert bzw. reduziert das Schäumen.

7

DIE GELIERPROBE

- Sie ist besonders wichtig bei sehr reifen Früchten oder niedrigem Pektingehalt.
- Vor dem Abfüllen einen Klecks der heißen Fruchtmasse auf eine gekühlte Untertasse geben. Geliert sie, kann abgefüllt werden.
- Bleibt sie flüssig, ein Päckchen Zitronensäur unter die Fruchtmasse mischen und noch ein mal aufkochen.

8